Objectif Diplôme : Tout pour Devenir un Vendeur Automobile Certifié

Introduction

Bienvenue dans votre guide vers la réussite !
Réussir le diplôme de vendeur automobile, c'est bien plus qu'une simple validation à obtenir. C'est le premier pas vers une carrière passionnante, pleine de défis et d'opportunités. Ce livre est conçu pour vous accompagner dans chaque étape de votre préparation, en décortiquant les compétences essentielles, les épreuves à maîtriser, et les stratégies gagnantes.
Que vous soyez en formation ou en reconversion, considérez ce guide comme votre copilote sur la route de la réussite. Accélérez votre préparation, maîtrisez les techniques de vente, et obtenez votre certification avec confiance !

Ce guide est conçu pour atteindre un objectif clair : vous armer des connaissances et des compétences nécessaires pour exceller dans le monde dynamique de la vente automobile. Nous explorerons les bases du secteur, des caractéristiques techniques des véhicules aux tendances actuelles du marché, en passant par l'art de la négociation et du service client. Chaque chapitre est élaboré pour vous fournir des outils pratiques et des conseils d'experts, vous permettant ainsi de transformer chaque interaction client en une opportunité de succès. Que vous entrepreniez cette aventure pour la première fois ou que vous cherchiez à approfondir vos compétences, nous sommes là pour vous aider à franchir chaque obstacle avec assurance et à saisir les opportunités qui se présentent à vous. Préparez-vous à embarquer pour un voyage vers l'excellence professionnelle, où chaque virage et chaque ligne droite vous rapprocheront de votre objectif ultime : devenir un vendeur automobile certifié et accompli.

Chapitre 1 : Les Fondamentaux de la Vente Automobile

1.1 Le rôle d'un vendeur automobile

Un vendeur automobile est bien plus qu'un simple commercial. Il est :

- Un conseiller : Vous aidez vos clients à trouver le véhicule qui répond à leurs besoins et aspirations.
- Un expert technique : Vous devez maîtriser les spécificités des modèles que vous proposez.
- Un gestionnaire administratif : Vous gérez des devis, des contrats, et des documents relatifs à la vente.

Un vendeur performant sait s'adapter à différents profils de clients, qu'il s'agisse d'acheteurs particuliers ou professionnels, tout en maintenant une excellente relation client.

Il doit également être capable de comprendre les tendances du marché et de se tenir informé des nouveautés et des innovations dans l'industrie automobile. En outre, un bon vendeur sait identifier les opportunités de vente et exploiter les techniques de négociation pour conclure des transactions avantageuses pour les deux parties.

1.2 Compétences nécessaires pour exceller

Pour réussir dans la vente automobile, certaines compétences sont essentielles :

- **Communication efficace** : Savoir écouter attentivement vos clients et exprimer clairement les caractéristiques et avantages des véhicules.
- **Persuasion** : Convaincre les clients des avantages de choisir un modèle particulier tout en respectant leurs préférences.
- **Gestion du temps** : Organiser efficacement vos journées pour maximiser le nombre de rendez-vous et de ventes conclues.
- **Empathie** : Se mettre à la place du client pour mieux comprendre ses besoins et proposer des solutions adaptées.

En développant ces compétences, un vendeur automobile peut non seulement améliorer ses performances, mais aussi établir des relations durables avec ses clients, favorisant ainsi la fidélisation et le bouche-à-oreille positif.

1.2 Les qualités essentielles
- Empathie : Comprendre vos clients au-delà de leurs mots pour cerner leurs besoins réels.
- Persuasion : Savoir convaincre en présentant les avantages plutôt que de forcer la décision.
- Organisation : Gérer plusieurs clients et tâches simultanément tout en respectant les délais.
- Adaptabilité : Être capable de réagir rapidement aux changements de situation ou aux objections imprévues.

1.3 Comprendre le marché automobile
- Tendances actuelles : Popularité croissante des véhicules électriques et hybrides, accompagnée d'une demande pour les services connectés et les systèmes d'aide à la conduite.
- Principaux acteurs : Connaître les marques et modèles les plus recherchés, ainsi que les différences entre les constructeurs premiums, grand public, et spécialisés.
- Comportement clientèle : Les clients modernes recherchent des solutions écologiques, économiques, et personnalisées. Ils attendent également une expérience d'achat fluide et digitale.

Les qualités essentielles et la compréhension du marché automobile sont cruciales pour réussir dans cette industrie en constante évolution. L'empathie permet d'aller au-delà des mots prononcés par les clients pour identifier leurs véritables besoins, tandis que la persuasion consiste à mettre en avant les avantages des produits pour influencer la décision d'achat sans la forcer. Une bonne organisation est indispensable pour jongler avec plusieurs clients et tâches tout en respectant les délais impartis. L'adaptabilité est également cruciale pour réagir aux changements soudains et aux objections inattendues.

En ce qui concerne le marché automobile, il est essentiel de rester informé des tendances actuelles, telles que la popularité croissante des véhicules électriques et hybrides, ainsi que l'intérêt pour les services connectés et les systèmes d'aide à la conduite. Connaître les principaux acteurs et les différences entre les marques, qu'elles soient premiums, grand public, ou spécialisées, aide à mieux comprendre le paysage concurrentiel.

Le vendeur doit savoir utilisé les réseaux sociaux pour comprendre le marché.

Il doit être capable de suivre les tendances, d'analyser les comportements des consommateurs et d'adapter ses stratégies en conséquence. Les réseaux sociaux offrent une mine d'informations précieuses qui peuvent aider le vendeur à anticiper les besoins des clients et à personnaliser son approche. En maîtrisant ces outils, il peut non seulement renforcer la visibilité de ses produits, mais aussi construire des relations de confiance avec sa clientèle, tout en restant attentif aux retours et aux avis partagés en ligne.

Chapitre 2 : Préparer son Diplôme

2.1 Structure du diplôme

Le diplôme de vendeur automobile comprend deux grandes parties :

- Théorique : Connaissances en vente, droit, et technique automobile. Vous serez évalué sur votre capacité à comprendre les principes fondamentaux de la vente, ainsi que sur des notions légales essentielles comme les garanties et les contrats.
- Pratique : Mises en situation réelles de vente, telles que la gestion d'un entretien client ou la présentation d'un produit.

Assurez-vous de bien comprendre chaque sujet et de garder à jour vos connaissances, car le secteur de l'automobile est en constante évolution. En outre, il est crucial de rester informé des nouvelles tendances et innovations pour offrir à vos clients les conseils les plus pertinents et actuels.

2.2 Évaluation et auto-évaluation

Pour vous assurer que vous êtes prêt pour votre diplôme, il est essentiel de vous auto-évaluer régulièrement. Voici quelques conseils pour vous aider dans ce processus :

- Effectuez des tests blancs : Simulez des examens théoriques pour identifier vos points forts et vos faiblesses.
- Enregistrez vos simulations de vente : Analysez vos performances pour identifier les domaines à améliorer. Demandez des retours constructifs à des collègues ou mentors.
- Mettez-vous dans des conditions réelles : Participez à des salons de l'automobile ou à des événements professionnels pour vous familiariser avec le milieu et renforcer votre réseau.

En suivant ces étapes, vous serez mieux préparé à réussir votre diplôme de vendeur automobile et à entamer une carrière enrichissante dans le secteur. N'oubliez pas que l'apprentissage est un processus continu et que chaque expérience est une opportunité de croissance personnelle et professionnelle.

2.3 Planifier sa préparation

- Fixez un planning réaliste : Déterminez des plages horaires régulières pour réviser chaque thématique et pour pratiquer des simulations de vente.
- Utilisez des ressources complémentaires : Vidéos de formation, simulateurs de vente interactifs, podcasts de professionnels.
- Pratiquez régulièrement : Même une simulation de 15 minutes est utile pour développer vos réflexes. Sollicitez vos amis ou proches pour jouer le rôle de clients.

2.3 Sujets à maîtriser

- Les techniques de vente : De l'accueil à la conclusion, comprenez les étapes essentielles pour mener une vente à terme.
- Les notions juridiques : Garanties, obligations contractuelles, financement automobile.
- La technique automobile : Différences entre motorisations (thermique, hybride, électrique), options d'équipements, et fonctionnalités connectées.
- La gestion de la relation client : Apprenez à construire une relation de confiance avec vos clients, à gérer les objections de manière constructive et à assurer un suivi après-vente efficace.
- 2.4 Se préparer mentalement
- Visualisation positive : Imaginez des scénarios de vente réussis pour renforcer votre confiance et votre attitude positive.
- Gestion du stress : Apprenez des techniques de relaxation et de respiration pour rester calme et concentré lors des interactions avec les clients.
- Motivation personnelle : Rappelez-vous vos objectifs personnels et professionnels pour maintenir votre motivation tout au long de votre préparation.
- En suivant ces étapes de préparation, vous serez mieux équipé pour réussir dans le domaine de la vente automobile et pour offrir une expérience client exceptionnelle.

Chapitre 3 : Les Techniques de Vente Indispensables

3.1 Les étapes clés de la vente

1. **L'accueil** : Le premier contact est décisif. Créez un environnement de confiance avec un sourire sincère, une posture ouverte, et des mots chaleureux.
   - Présentation soignée : Habillez-vous de manière professionnelle et assurez-vous d'avoir une attitude accueillante (sourire, regard direct, posture ouverte).
   - Salutation personnalisée : Adressez-vous au client de manière aimable et engageante : « Bonjour, bienvenue chez [Nom de la concession], comment puis-je vous aider aujourd'hui ? »
   - Premiers instants clés : Faites preuve d'écoute active en laissant le client exprimer ses besoins ou attentes initiales sans l'interrompre.
   - Création d'un climat de confiance : Montrez que vous êtes prêt à accompagner le client tout au long de son parcours.
   - Mise à l'aise : Proposez des services additionnels (café, documentation, un essai rapide d'un modèle d'intérêt).
2. **La personnalisation de l'approche** : En fonction de l'état d'esprit du client (curiosité, hésitation, urgence), adaptez votre ton et votre posture. Par exemple, si le client semble pressé, évitez de l'accabler d'informations inutiles.

Adoptez plutôt une approche concise et efficace, en mettant en avant les points essentiels.

- La découverte des besoins : Prenez le temps de poser des questions ouvertes pour mieux comprendre les attentes et les motivations du client. Cela vous permettra de proposer des solutions adaptées et de créer un lien plus fort avec lui.

Techniques de questionnement : Utilisez des questions ouvertes pour encourager le client à partager ses besoins : « Qu'est-ce qui est le plus important pour vous dans ce produit ? »

- Reformulation : Montrez que vous écoutez activement en reformulant les réponses du client : « Si je comprends bien, vous recherchez… »
- Évaluation des besoins : Identifiez les priorités du client pour mieux orienter la discussion.

1. La présentation de l'offre : Une fois que vous avez cerné les besoins du client, présentez votre produit ou service en mettant en avant les bénéfices qui répondent spécifiquement à ses attentes.
   - Argumentation ciblée : Soulignez les caractéristiques qui correspondent aux besoins exprimés par le client.
   - Démonstration : Si possible, proposez une démonstration du produit pour conforter le client dans son choix.
   - Réassurance : Répondez aux éventuelles objections avec des arguments rassurants.

2. La conclusion de la vente : Concluez avec assurance tout en respectant le rythme du client. Ne précipitez pas la décision, mais soyez prêt à saisir les signes d'achat.
   - Techniques de conclusion : Utilisez des phrases encourageantes qui incitent le client à passer à l'action : « Seriez-vous prêt à finaliser votre achat aujourd'hui ? »
   - Finalisation : Assurez-vous que le client a toutes les informations nécessaires et qu'il se sent à l'aise avec sa décision.
   - Suivi : Proposez un suivi post-vente pour maintenir une bonne relation et encourager la fidélité.

Ces techniques, bien maîtrisées, vous aideront à non seulement conclure des ventes, mais aussi à établir des relations durables avec vos clients.

Utilisation des outils : Mettez en avant les technologies disponibles pour enrichir l'expérience d'accueil, comme des configurateurs virtuels ou des tablettes pour présenter les modèles et leurs options.

En exploitant ces outils, vous pourrez offrir une expérience client plus interactive et personnalisée, facilitant ainsi le processus de décision. Par exemple, un configurateur virtuel permet au client de visualiser en temps réel les différentes options et personnalisations possibles de votre produit, ce qui peut considérablement renforcer son engagement et son intérêt.

En outre, l'utilisation de tablettes pour présenter des modèles et des options offre une approche moderne et dynamique qui peut capter l'attention du client et rendre la présentation de l'offre plus attrayante. Cette technologie peut également aider à clarifier des aspects techniques ou esthétiques du produit, rendant l'information plus accessible et compréhensible.

Enfin, n'oubliez pas que l'accueil et l'expérience client ne se limitent pas aux outils technologiques. Un accueil chaleureux, une attitude positive et une écoute attentive sont essentiels pour créer une atmosphère agréable et propice à la vente. Ces éléments, combinés à l'utilisation judicieuse de la technologie, vous permettront de vous démarquer et de bâtir une relation de confiance avec vos clients, favorisant ainsi leur fidélisation à long terme.

Chapitre 4 : Aspects Techniques et Administratifs

4.1 Comprendre les motorisations
- **Thermiques** : Les moteurs à essence sont adaptés aux trajets courts et à une conduite urbaine. Les diesels, avec leur efficacité énergétique accrue, conviennent mieux aux longs trajets et à ceux qui parcourent beaucoup de kilomètres.
- **Hybrides** : Ces véhicules allient moteur thermique et électrique pour optimiser la consommation. Ils sont parfaits pour les clients souhaitant réduire leur impact écologique tout en conservant une grande autonomie.
- **Electriques** : Recommandés pour les citadins et ceux qui parcourent de courtes distances, ces véhicules émettent zéro émission et présentent un coût d'utilisation réduit. Expliquer la gestion des bornes de recharge et le temps de charge est essentiel pour rassurer les clients.

4.2 Terminologie essentielle
- **Couple** : Définit la force avec laquelle un moteur peut faire tourner les roues à un certain régime. Les clients recherchant une accélération fluide et de bonnes performances en ville apprécieront un couple élevé.
- **Autonomie** : Pour les véhicules électriques, c'est une question cruciale. Indiquez clairement les kilomètres moyens pour chaque charge, en fonction de l'utilisation.
- **Consommation mixte** : Mélange des consommations urbaine et extra-urbaine, ce chiffre aide les clients à prévoir leurs dépenses en carburant.

4.3 Présentation technique des équipements
- **Systèmes de sécurité** : ABS, aide au freinage d'urgence, contrôle de trajectoire. Expliquez leur utilité en termes simples mais convaincants.
- **Connectivité** : Mettre en avant les fonctionnalités comme Apple CarPlay, Android Auto, ou les services connectés comme le GPS en temps réel et la télémétrie.
- **Confort** : Décrivez les options de climatisation, les matériaux des sièges, et les réglages adaptés à chaque client.

4.4 Formalités administratives

Documents requis : Récapitulez les pièces nécessaires pour l'achat, le financement ou la location d'un véhicule.
Contrat de vente : Expliquez les clauses principales, comme les garanties légales, les extensions de garantie et les conditions de rétractation.
Immatriculation : Proposez un service clé en main pour faciliter la démarche administrative, souvent perçue comme complexe par les clients.

4.5 Conseils pour valoriser l'aspect technique

Adaptez votre discours au profil du client : mettez en avant les avantages techniques pour les clients rationnels et émotionnels pour les clients sensibles à l'expérience.
Utilisez des supports visuels : brochures, vidéos, et présentations en direct des fonctionnalités.

L'Importance de la Transition Énergétique et des Véhicules Électriques

<u>Un tournant incontournable dans l'industrie automobile</u>

La transition énergétique vers les véhicules électriques (VE) n'est plus une simple tendance, mais une nécessité pour répondre aux enjeux environnementaux et aux nouvelles réglementations. Les gouvernements du monde entier adoptent des politiques pour réduire les émissions de CO_2, avec des objectifs ambitieux tels que la fin de la vente de véhicules thermiques d'ici 2035 dans plusieurs pays européens.

Cette évolution offre une opportunité sans précédent pour les vendeurs automobiles, qui jouent un rôle clé dans cette transformation.

<u>Pourquoi les véhicules électriques vont dominer le marché ?</u>

1. Des réglementations strictes : Les constructeurs doivent respecter des normes d'émission de CO_2 de plus en plus contraignantes, accélérant ainsi le développement et la commercialisation des VE.
2. Une demande croissante des consommateurs : Avec une prise de conscience écologique accrue, les clients privilégient des solutions de mobilité durable. Les VE sont perçus comme des investissements pour l'avenir.
3. Un coût d'utilisation réduit : Les économies réalisées sur le carburant et l'entretien (moins de pièces mobiles) séduisent de plus en plus de clients.
4. Une infrastructure en développement : Le nombre de bornes de recharge augmente rapidement, rendant les VE plus pratiques pour un usage quotidien.

Les incitations pour les vendeurs automobiles

Les constructeurs et concessions encouragent activement la vente de véhicules électriques grâce à des primes et des marges plus élevées. Ces incitations se traduisent par :

- Des commissions renforcées : Les vendeurs perçoivent souvent un pourcentage plus important sur la vente d'un VE comparé à un véhicule thermique.
- Des programmes de formation dédiés : Pour mieux maîtriser les spécificités des VE et convaincre les clients hésitants.
- Des bonus liés à la performance écologique : Certaines concessions introduisent des systèmes de récompenses pour inciter leurs équipes à atteindre des objectifs de vente en matière de véhicules électriques.

Comment maximiser vos ventes de VE ?

- Devenez un expert technique : Connaître parfaitement les spécifications des VE, comme l'autonomie, les temps de recharge, et les subventions disponibles, est indispensable pour convaincre les clients.
- Valorisez les incitations gouvernementales : Informez vos clients des avantages fiscaux, des primes à l'achat, et des réductions sur les frais d'immatriculation.
- Adoptez une approche éducative : Beaucoup de clients sont encore réticents en raison des mythes sur les VE (coût élevé, manque de bornes, faible autonomie). Soyez leur guide pour lever ces freins.

Une opportunité pour les vendeurs motivés

La transition vers l'électrique représente une occasion unique de se positionner comme un acteur clé dans une industrie en pleine mutation. Les vendeurs qui savent anticiper ces changements et maîtriser les outils nécessaires pour vendre des VE auront une longueur d'avance sur le marché.

En résumé, vendre des véhicules électriques n'est pas seulement un acte commercial, mais une contribution à un avenir plus durable. Les incitations financières et les marges plus élevées en font également un levier de croissance pour les vendeurs et les concessions. Alors, saisissez cette opportunité et devenez un ambassadeur de la mobilité électrique.

Chapitre 5 : Réussir son Oral et ses Mises en Situation

5.1 L'importance de l'oral dans l'évaluation

L'épreuve orale et les mises en situation pratiques sont souvent les plus redoutées par les candidats. Elles permettent d'évaluer :
- Votre aisance relationnelle : Capacité à établir une relation de confiance avec le client.
- Votre maîtrise technique : Compréhension des produits et services proposés.
- Votre capacité d'adaptation : Réagir rapidement aux objections ou aux imprévus.

C'est ici que les compétences théoriques doivent se transformer en action concrète.

5.2 Se préparer efficacement
1. Comprendre les attentes du jury :
   - Analysez les critères d'évaluation, qui incluent souvent la structure du discours, l'écoute active, et la capacité à conclure une vente.
   - Renseignez-vous sur le déroulement des mises en situation pour éviter les surprises.
2. Pratiquer régulièrement :
   - Effectuez des simulations avec des proches ou des collègues jouant le rôle de clients.
   - Filmez-vous pour analyser votre gestuelle, votre ton, et votre fluidité.
   - Variez les scénarios : un client hésitant, un client pressé, ou un client exigeant.
3. Préparer des réponses types aux objections fréquentes :
   - Exemple : « Ce modèle est trop cher. » Réponse : « Je comprends votre préoccupation, mais permettez-moi de vous montrer comment ce véhicule peut vous faire économiser sur le long terme grâce à sa faible consommation. »
4. Soigner sa présentation personnelle :
   - Adoptez une tenue professionnelle et une posture ouverte pour projeter une image de confiance.

5.3 L'utilisation de l'outil SONCAS

Le modèle SONCAS (Sécurité, Orgueil, Nouveauté, Confort, Argent, Sympathie) est un outil puissant pour comprendre et répondre aux motivations des clients.

1. Sécurité : Les clients cherchent à minimiser les risques.
   - Mettez en avant les garanties, les équipements de sécurité (ABS, airbags), et la fiabilité du véhicule.
2. Orgueil : Certains clients recherchent un produit qui reflète leur statut ou personnalité.
   - Soulignez les caractéristiques premium : design, performances, et marques reconnues.
3. Nouveauté : L'innovation séduit les clients à la recherche de modernité.
   - Insistez sur les technologies embarquées, comme les systèmes d'aide à la conduite ou les connectivités avancées.
4. Confort : Un aspect essentiel pour les familles ou les professionnels.
   - Mettez en avant l'espace intérieur, la qualité des matériaux, et les options comme les sièges chauffants.
5. Argent : La dimension économique est cruciale pour beaucoup.
   - Expliquez les économies sur le long terme : faible consommation, primes à l'achat pour les véhicules électriques.
6. Sympathie : Les relations humaines jouent un rôle clé.
   - Faites preuve d'écoute active et d'empathie pour établir un lien fort.

En combinant une préparation rigoureuse, une compréhension fine des motivations grâce à SONCAS, et une approche centrée sur le client, vous serez en mesure d'exceller dans vos oraux et mises en situation. Pratiquez, ajustez, et brillez !

5.4 Techniques avancées pour convaincre

- Méthode des 3 C (Contact, Convaincre, Conclure) :
    - Contact : Établissez une connexion dès les premières secondes.
    - Convaincre : Répondez aux besoins spécifiques identifiés avec SONCAS.
    - Conclure : Proposez une action immédiate (essai, signature du contrat).
- Utiliser des supports visuels :
    - Apportez des brochures, des graphiques de consommation, ou des démonstrations interactives pour appuyer vos arguments.
- Raconter une histoire :
    - Partagez des anecdotes sur d'autres clients satisfaits ou sur l'histoire de la marque pour captiver l'attention.

5.5 Les erreurs à éviter

- Manque de préparation : Arriver sans connaître les spécifications techniques des modèles proposés.
- Parler trop vite : Cela peut donner l'impression de nervosité. Prenez le temps d'articuler.
- Ne pas écouter le client : L'écoute est essentielle pour comprendre les besoins et objections.

Conseils pour Obtenir son CQP de Vendeur Automobile

Le Certificat de Qualification Professionnelle (CQP) de Vendeur Automobile est une certification reconnue qui atteste de votre capacité à exercer ce métier. Voici des conseils pour maximiser vos chances de réussite :

1. Bien comprendre les exigences du CQP
   1. Compétences évaluées :
      - Techniques de vente : Capacité à mener un entretien de vente structuré.
      - Connaissances produits : Compréhension des spécifications techniques des véhicules.
      - Gestion administrative : Capacité à gérer les documents liés à la vente.
      - Qualités relationnelles : Aptitude à établir une relation de confiance avec les clients.
   2. Épreuves pratiques et théoriques :
      - L'évaluation se base sur des simulations de vente et des examens écrits ou oraux.

2. Maîtriser les connaissances théoriques
   1. Le marché automobile :
      - Renseignez-vous sur les tendances actuelles : l'essor des véhicules électriques, hybrides et connectés.
      - Étudiez les caractéristiques des différentes motorisations (thermiques, hybrides, électriques).
   2. Les fondamentaux juridiques :
      - Comprenez les obligations légales : garanties, droit de rétractation, contrats de vente.
      - Familiarisez-vous avec les normes environnementales et les subventions pour les véhicules écologiques.
   3. Les bases de la finance automobile :
      - Apprenez à expliquer les solutions de financement : crédit classique, LOA (Location avec Option d'Achat), LLD (Location Longue Durée).
      - Simulez des exemples pour calculer les mensualités ou comparer les options.

3. Développer ses compétences pratiques
   - Techniques de vente :
     - Préparation : Rassemblez toutes les informations sur les modèles proposés et leur positionnement dans le marché.
     - Entretien de vente structuré : Suivez les étapes clés : accueil, découverte des besoins, argumentation, gestion des objections, conclusion.
   - Outils d'analyse client (SONCAS) :
     - Utilisez le modèle SONCAS pour adapter votre discours selon les motivations du client.
     - Entraînez-vous à poser des questions ouvertes et à reformuler les attentes des clients.
   - Pratiquez les mises en situation :
     - Simulez des entretiens avec des collègues ou amis.
     - Filmez-vous pour analyser votre gestuelle et vos points d'amélioration.

4. Valoriser ses qualités personnelles
   - Aisance relationnelle : Développez votre écoute active pour comprendre les besoins implicites des clients.
   - Capacité d'adaptation : Sachez vous adapter aux profils variés des clients, qu'ils soient indécis, pressés ou exigeants.
   - Gestion du stress : Travaillez votre posture et votre respiration pour rester serein face aux objections.

5. Exploiter les ressources disponibles
   1. Formations :
      - Participez activement aux formations théoriques et pratiques proposées par votre centre de formation ou employeur.
      - Complétez vos connaissances avec des cours en ligne ou des livres spécialisés.
   2. Mentorat :
      - Apprenez des vendeurs expérimentés en les observant et en leur posant des questions.
      - Demandez des retours réguliers sur votre progression.

- Matériel pédagogique :
    - Utilisez des fiches techniques, des guides de préparation, et des simulateurs de vente en ligne pour renforcer vos acquis.

6. Maximiser vos chances lors des évaluations
   - Préparez vos présentations : Révisez les spécifications techniques des véhicules pour les mettre en avant lors des simulations.
   - Soignez votre apparence : Adoptez une tenue professionnelle et une attitude confiante pour faire bonne impression.
   - Révisez vos échecs passés : Si vous avez des retours négatifs lors des entraînements, concentrez-vous sur ces points pour les corriger.

7. Garder une attitude positive
   - Persévérez : Le CQP peut être exigeant, mais chaque échec est une opportunité d'apprentissage.
   - Fixez-vous des objectifs clairs : Visualisez votre réussite et projetez-vous dans le métier.
   - Restez motivé : Pensez aux opportunités professionnelles qui s'ouvrent à vous une fois le CQP obtenu.

Les problématiques les plus courantes rencontrées par les candidats lors de la préparation d'un diplôme de vendeur automobile, ainsi que des pistes pour les surmonter :

1. Manque de connaissances techniques

Problème :
Les candidats peuvent se sentir dépassés par la quantité d'informations techniques à retenir, notamment sur les motorisations (thermiques, hybrides, électriques), les équipements, et les termes spécifiques.
Solutions :
- Découper l'apprentissage : Étudiez une thématique par jour (exemple : un jour pour les motorisations, un autre pour les équipements).
- Utiliser des supports visuels : Schémas, vidéos explicatives, ou infographies pour mieux comprendre les concepts techniques.
- Pratiquer régulièrement : Faites des fiches de révision ou testez-vous avec des quiz en ligne.

2. Difficulté à maîtriser les techniques de vente

Problème :
Certains candidats peinent à structurer leur entretien de vente, gérer les objections ou conclure une vente.
Solutions :
- Appliquer des méthodologies : Suivez des modèles comme les étapes de vente (accueil, découverte des besoins, argumentation, gestion des objections, conclusion).
- S'entraîner à l'oral : Organisez des simulations avec des proches ou collègues pour tester vos compétences.
- Analyser des cas pratiques : Étudiez des scénarios réels de vente pour identifier les approches gagnantes.

3. Gestion des objections

<u>Problème :</u>
Les objections des clients (prix, délai, hésitation) sont difficiles à gérer sans une préparation adéquate.

<u>Solutions :</u>
Préparer des réponses types : Par exemple, pour l'objection « Ce modèle est trop cher », mettez en avant les économies à long terme ou les options de financement.
Rester calme : Apprenez à voir les objections comme des opportunités de convaincre.
Pratiquer le SONCAS : Identifiez les motivations profondes du client pour mieux répondre à ses craintes.

4. Difficulté à mémoriser les aspects juridiques et administratifs

<u>Problème :</u>
La complexité des réglementations (garanties, droits de rétractation, documents de vente) peut être un frein.

<u>Solutions :</u>
Créer des fiches synthétiques : Résumez les notions clés en utilisant des points simples et concis.
Associer la théorie à la pratique : Simulez la rédaction d'un bon de commande ou la présentation d'une garantie à un client fictif.
Consulter des experts : Posez des questions aux formateurs ou professionnels pour clarifier les zones d'ombre.

5. Manque de confiance à l'oral

Problème :
Le stress ou la timidité peut nuire à la performance lors des épreuves orales ou des mises en situation.

Solutions :
Pratiquer régulièrement : Habituez-vous à parler en public en vous entraînant devant un miroir ou en enregistrant vos présentations.
Structurer votre discours : Utilisez une méthode en trois étapes (introduction, développement, conclusion) pour rester clair et concis.
Gérer votre stress : Respirez profondément avant de commencer et visualisez une situation réussie pour vous motiver.

6. Difficulté à adapter son discours au client

Problème :
Tous les clients sont différents, et certains candidats ont du mal à ajuster leur approche selon les besoins ou personnalités des clients.

Solutions :
- Identifier le profil du client : Est-il rationnel, émotionnel, pressé ou hésitant ?
- Utiliser des outils comme le SONCAS pour mieux cerner ses motivations.
- Pratiquer l'écoute active : Laissez le client parler, reformulez ses attentes, et adaptez vos arguments en conséquence.

7. Gestion du temps

<u>Problème :</u>
La charge de travail, combinée à des responsabilités personnelles ou professionnelles, peut compliquer la préparation.

<u>Solutions :</u>
- Établir un planning : Allouez des plages horaires dédiées à chaque sujet.
- Prioriser les sujets importants : Concentrez-vous sur les notions où vous êtes le moins à l'aise.
- Utiliser des techniques de productivité : La méthode Pomodoro (25 minutes de travail intensif, 5 minutes de pause) peut aider à maintenir votre concentration.

8. Manque de ressources adaptées

<u>Problème :</u>
Certains candidats ne disposent pas des supports pédagogiques nécessaires ou trouvent leur contenu peu engageant.

<u>Solutions :</u>
- Accéder à des plateformes en ligne : De nombreuses formations, vidéos et documents sont disponibles gratuitement ou à prix abordable.
- Demander des retours : Consultez vos formateurs ou mentors pour obtenir des explications supplémentaires.
- Créer vos propres outils : Rédigez des fiches ou schémas adaptés à votre manière de comprendre.

9. Faible compréhension des outils numériques

Problème :
L'utilisation des outils numériques comme les configurateurs virtuels ou les CRM peut être intimidante.
Solutions :
- Participer à des formations : Inscrivez-vous à des ateliers pour maîtriser les outils numériques utilisés en concession.
- Pratiquer régulièrement : Familiarisez-vous avec les logiciels avant de les présenter à un client.
- Demander de l'aide : N'hésitez pas à poser des questions à vos collègues ou formateurs.

10. Perte de motivation

Problème :
Le processus peut sembler long et difficile, entraînant un découragement.
Solutions :
- Fixer des objectifs intermédiaires : Récompensez-vous à chaque étape franchie.
- Trouver un groupe de soutien : Étudiez avec d'autres candidats pour partager des conseils et maintenir votre motivation.
- Visualiser le succès : Imaginez votre avenir en tant que vendeur automobile pour rester focalisé sur votre but.

Clés pour un Apprentissage Efficace dans la Préparation au Métier de Vendeur Automobile

L'apprentissage est essentiel pour acquérir les connaissances, les compétences et la confiance nécessaires à la réussite. Voici les clés pour optimiser votre processus d'apprentissage :

1. Organisation et Planification
   - Établissez un planning réaliste : Définissez des plages horaires régulières pour réviser chaque thématique (technique, juridique, vente, etc.).
   - Priorisez les sujets complexes : Concentrez-vous d'abord sur les domaines où vous avez le plus de lacunes.
   - Fixez des objectifs clairs : Par exemple, « comprendre les motorisations électriques cette semaine » ou « maîtriser les techniques de gestion des objections ».

2. Approche Active de l'Apprentissage
   - Testez vos connaissances : Faites des quiz ou participez à des simulations pour consolider vos acquis.
   - Posez des questions : N'hésitez pas à demander des clarifications à vos formateurs ou collègues.
   - Répétez régulièrement : La répétition espacée aide à ancrer les informations dans la mémoire à long terme.

3. Multiplication des Ressources
   - Diversifiez vos supports :
     - Vidéos explicatives pour les aspects techniques.
     - Livres et fiches de révision pour les notions théoriques.
     - Simulateurs de vente en ligne pour la pratique.
   - Apprenez des experts : Observez les professionnels en action dans votre concession ou lors de vidéos de formation.
   - Participez à des ateliers : Les formations interactives permettent de mieux intégrer les notions complexes.

4. Techniques Spécifiques d'Apprentissage
   1. Méthode Pomodoro :
      - Travaillez intensément pendant 25 minutes, puis faites une pause de 5 minutes. Cela améliore la concentration et évite la fatigue mentale.
   2. Cartes Mentales :
      - Organisez vos idées sous forme de schéma visuel pour mieux mémoriser les liens entre les concepts (ex. : motorisations, équipements, étapes de vente).
   3. Écriture Active :
      - Prenez des notes à la main pendant vos lectures ou cours. Cela aide à mieux retenir les informations.
   4. Simulations Réalistes :
      - Mettez-vous en situation de vente pour appliquer vos connaissances et identifier vos points faibles.

5. Maîtrise des Compétences Clés
   - Techniques de vente :
      - Entraînez-vous aux étapes de l'entretien client : accueil, découverte des besoins, argumentation, gestion des objections, conclusion.
      - Apprenez à utiliser des outils comme le SONCAS pour adapter votre discours à chaque client.
   - Aspects techniques :
      - Étudiez les spécifications des véhicules, notamment les motorisations (thermiques, hybrides, électriques) et les équipements.
      - Familiarisez-vous avec les innovations comme les systèmes d'aide à la conduite et les fonctionnalités connectées.
   - Gestion des objections :
      - Préparez des réponses types aux objections courantes (« trop cher », « autonomie insuffisante », etc.).

6. Suivi et Évaluation
- **Évaluez vos progrès** : Testez-vous régulièrement pour identifier vos forces et vos faiblesses.
- **Demandez des retours** : Sollicitez des retours constructifs de vos formateurs, collègues ou mentors.
- **Réajustez votre méthode** : Adaptez votre approche si vous sentez que certaines stratégies ne fonctionnent pas.

7. Gestion de la Motivation
- **Fixez des récompenses** : Atteignez vos objectifs intermédiaires (ex. : révision d'un chapitre) et offrez-vous une récompense.
- **Visualisez votre succès** : Imaginez-vous en tant que vendeur automobile certifié, performant et accompli.
- **Trouvez un groupe de soutien** : Étudiez avec d'autres candidats pour échanger des conseils et maintenir votre motivation.

8. Exploitation des Outils Numériques
- **Simulateurs de vente en ligne** : Pour vous entraîner à répondre aux besoins des clients.
- **Plateformes éducatives** : Des sites comme YouTube, Coursera ou Udemy proposent des cours sur la vente ou les aspects techniques de l'automobile.
- **Applications de productivité** : Utilisez des applications comme Trello pour organiser vos tâches ou Quizlet pour réviser avec des flashcards.

9. Application Pratique
   - Stages et alternance : Rien ne remplace l'expérience sur le terrain. Profitez de vos stages ou de votre apprentissage pour appliquer directement ce que vous avez appris.
   - Observer les professionnels : Apprenez en regardant des vendeurs expérimentés et en notant leurs techniques.

10. Adopter un Esprit Curieux et Positif
    - Soyez curieux : Explorez de nouveaux domaines (marketing digital, mobilité durable) pour enrichir votre profil.
    - Restez positif : L'apprentissage est un processus ; les erreurs sont une opportunité d'amélioration.

10 Tips pour Réussir le CQP Vendeur Automobile

Voici des conseils pratiques et efficaces pour maximiser vos chances de réussir votre CQP Vendeur Automobile :

1. Comprenez les Attentes du CQP
   - Compétences évaluées : Techniques de vente, connaissances des produits, gestion administrative, et aisance relationnelle.
   - Exigences spécifiques : Familiarisez-vous avec les critères d'évaluation pour chaque épreuve (théorique, pratique, et orale).
   - Structure du diplôme : Identifiez les parties clés (mises en situation, tests écrits, entretien avec le jury).

2. Préparez-vous sur le Terrain
   - Stages ou alternance : Engagez-vous activement dans une concession pour appliquer vos connaissances théoriques à des situations réelles.
   - Observez les experts : Regardez comment les vendeurs expérimentés interagissent avec les clients, présentent les véhicules, et concluent les ventes.

3. Maîtrisez les Techniques de Vente
   - Apprenez les étapes de vente :
     a. Accueil : Faites une première impression positive.
     b. Découverte des besoins : Posez des questions ouvertes et reformulez pour clarifier les attentes.
     c. Argumentation : Adaptez votre discours en fonction des motivations du client.
     d. Gestion des objections : Préparez des réponses convaincantes.
     e. Conclusion : Proposez une action claire (signature, essai).
   - Utilisez le modèle SONCAS pour analyser les motivations des clients (Sécurité, Orgueil, Nouveauté, Confort, Argent, Sympathie).

4. Familiarisez-vous avec les Produits
   - Motorisations et technologies : Maîtrisez les différences entre les véhicules thermiques, hybrides et électriques.
   - Équipements et options : Apprenez à présenter les systèmes de sécurité, les aides à la conduite, et les fonctionnalités connectées.

5. Travaillez les Aspects Juridiques et Administratifs
   - Garanties et obligations : Connaissez les garanties légales et les conditions de rétractation.
   - Solutions de financement : Familiarisez-vous avec les options comme le crédit classique, la LOA (Location avec Option d'Achat), et la LLD (Location Longue Durée).
   - Formalités administratives : Sachez expliquer les démarches liées à l'immatriculation et à la livraison.

6. Développez vos Qualités Personnelles
   - Écoute active : Montrez au client que vous comprenez ses attentes en reformulant ses besoins.
   - Empathie : Adaptez votre approche selon le profil du client (stressé, indécis, confiant).
   - Gestion du stress : Apprenez à rester calme et concentré, surtout lors des simulations d'évaluation.

7. Entraînez-vous aux Mises en Situation
   - Simulez des entretiens : Organisez des jeux de rôle avec des amis ou collègues pour reproduire des situations de vente.
   - Filmez-vous : Analysez vos gestes, votre ton, et vos réponses pour vous améliorer.
   - Pratiquez la gestion des objections : Préparez des réponses claires et factuelles aux questions courantes des clients.

8. Préparez-vous à l'Oral
   - Structurez votre discours : Utilisez une méthode en trois parties (introduction, développement, conclusion) pour répondre clairement.
   - Soignez votre présentation : Adoptez une tenue professionnelle, maintenez une posture ouverte et parlez distinctement.
   - Restez confiant : Le jury évalue autant vos connaissances que votre assurance.

9. Exploitez les Ressources Disponibles
   - Matériel pédagogique : Utilisez les cours, supports de formation, et fiches techniques fournis par votre centre.
   - Ressources en ligne : Regardez des vidéos de démonstration ou suivez des tutoriels spécifiques à la vente automobile.
   - Groupes d'étude : Travaillez avec d'autres candidats pour échanger des conseils et partager des expériences.

10. Gardez une Bonne Attitude
    - Persévérez : Si certaines notions vous paraissent complexes, répétez-les jusqu'à ce qu'elles deviennent naturelles.
    - Fixez-vous des objectifs : Divisez votre préparation en étapes pour rester motivé.
    - Soyez proactif : Posez des questions à vos formateurs ou mentors pour clarifier vos doutes.

Bonus : Jour de l'Examen
   - Arrivez préparé : Apportez tout le matériel nécessaire (stylo, documents).
   - Gérez votre temps : Répartissez votre temps entre les différentes épreuves pour éviter de vous précipiter.
   - Restez concentré : Ne laissez pas le stress prendre le dessus et concentrez-vous sur chaque étape.

Soigner son Apparence pour un Examen de Vendeur Automobile

Votre apparence joue un rôle crucial lors d'un examen pour devenir vendeur automobile, car elle reflète votre professionnalisme et votre capacité à inspirer confiance, deux qualités essentielles dans ce métier. Voici des conseils pratiques pour vous présenter sous votre meilleur jour.

1. L'importance de l'apparence

En tant que futur vendeur automobile, vous êtes l'image de la concession. Votre présentation doit refléter les valeurs de l'entreprise : professionnalisme, élégance et respect du client. Lors de l'examen, un jury évaluera non seulement vos compétences techniques, mais aussi votre prestance et votre crédibilité.

2. Tenue vestimentaire

Choisissez une tenue professionnelle et soignée :

1. Pour les hommes :
   - Une chemise bien repassée (blanche ou dans des tons sobres comme le bleu clair).
   - Un pantalon de costume ou un chino élégant (évitez les jeans).
   - Une veste de costume ajustée pour une allure plus formelle.
   - Des chaussures en cuir propres et bien cirées.
2. Pour les femmes :
   - Une chemise ou un chemisier soigné.
   - Un pantalon de tailleur ou une jupe (pas trop courte).
   - Une veste ajustée pour une allure professionnelle.
   - Des chaussures fermées, comme des escarpins à talon modéré ou des ballerines élégantes.

Évitez :

- Les vêtements trop décontractés comme les t-shirts, jeans déchirés ou baskets.
- Les tenues trop flashy ou extravagantes qui pourraient distraire ou détonner avec l'image attendue.

3. Hygiène et soins personnels
- Cheveux :
    - Optez pour une coupe nette et soignée.
    - Si vous avez les cheveux longs, attachez-les proprement pour une allure ordonnée.
- Barbe :
    - Si vous portez une barbe, veillez à ce qu'elle soit bien taillée et propre.
- Mains :
    - Vos mains doivent être propres, avec des ongles coupés et soignés.
    - Pour les femmes, un vernis discret (ou naturel) est recommandé.
- Parfum :
    - Utilisez un parfum léger et subtil pour éviter de gêner les interlocuteurs sensibles aux odeurs fortes.
- Hygiène bucco-dentaire :
    - Assurez-vous d'avoir une haleine fraîche. Une bonne hygiène buccale est primordiale dans un métier où vous parlez beaucoup.

4. Accessoires
- Montre :
    - Portez une montre sobre et élégante qui complète votre tenue. Cela montre que vous êtes ponctuel et attentif aux détails.
- Bijoux :
    - Limitez-vous à des accessoires discrets. Évitez les bijoux trop voyants ou encombrants.
- Dossier ou sac :
    - Apportez un porte-documents ou un sac élégant pour transporter vos papiers ou matériels nécessaires à l'examen.

5. Langage corporel et attitude

Votre apparence ne se limite pas à vos vêtements. Votre posture et votre attitude en disent long sur votre professionnalisme.

1. **Posture :**
   - Tenez-vous droit pour inspirer confiance et dynamisme.
   - Évitez de croiser les bras, ce qui peut paraître fermé ou distant.
2. **Contact visuel :**
   - Maintenez un contact visuel respectueux avec le jury ou les clients lors des simulations.
3. **Sourire :**
   - Un sourire chaleureux est votre meilleur accessoire pour établir une connexion positive.

6. Préparation avant le jour de l'examen

1. **Essayez votre tenue à l'avance :**
   - Vérifiez que votre tenue est confortable et bien ajustée.
   - Assurez-vous que tout est propre, repassé et sans défaut (pas de boutons manquants, ni de tâches).
2. **Préparez vos accessoires :**
   - Portez des chaussures confortables que vous avez déjà testées pour éviter tout inconfort le jour de l'examen.
3. **Reposez-vous bien :**
   - Une apparence fatiguée peut nuire à votre image. Une bonne nuit de sommeil est essentielle pour être frais et alerte.

7. Ce que votre apparence communique au jury

- **Confiance en vous :** Une tenue professionnelle montre que vous prenez l'examen au sérieux.
- **Attention au détail :** Votre soin personnel reflète votre engagement à bien représenter une marque ou une concession.
- **Respect du client :** Une apparence soignée démontre que vous respectez les standards de l'industrie et les attentes des clients.

L'Importance de l'Alternance en Entreprise Lors de la Préparation de votre Diplôme de Vendeur Automobile

L'alternance est un atout majeur pour les candidats au diplôme de vendeur automobile. Elle permet de conjuguer théorie et pratique, offrant une immersion directe dans le métier tout en consolidant les connaissances acquises en formation. Voici pourquoi et comment l'alternance joue un rôle clé dans votre réussite.

1. L'immersion dans le métier
- Une expérience concrète : L'alternance vous place au cœur de la réalité quotidienne d'une concession automobile. Vous apprenez à interagir avec des clients, à présenter des véhicules et à conclure des ventes.
- Découverte des défis du terrain : Vous êtes confronté aux attentes des clients, aux objections et aux contraintes opérationnelles, ce qui renforce votre adaptabilité.
- Apprentissage accéléré : Ce que vous apprenez en classe trouve une application immédiate dans votre travail en entreprise, ce qui renforce votre compréhension et votre mémorisation.

2. Le développement de compétences pratiques
L'alternance vous permet de développer des compétences essentielles que seule l'expérience directe peut fournir.
Techniques de vente :
- Apprentissage des étapes de vente : Accueil, découverte des besoins, argumentation, gestion des objections, et conclusion.
- Maîtrise des outils : Utilisation des CRM, des configurateurs de véhicules, et des outils numériques pour personnaliser les propositions commerciales.

Gestion des objections en temps réel : Répondre aux craintes ou réticences des clients face à un achat important.

Compétences relationnelles :
- Écoute active : Comprendre les besoins explicites et implicites des clients.
- Confiance en soi : La pratique régulière améliore votre aisance face aux clients et vous aide à développer une présence professionnelle.
- Adaptabilité : Gérer différents profils de clients, qu'ils soient pressés, hésitants ou exigeants.

Compétences administratives :
- Formalités de vente : Apprentissage des devis, contrats, bons de commande, et processus d'immatriculation.
- Connaissance des réglementations : Familiarisation avec les obligations légales, les garanties, et les financements.

3. L'opportunité de se spécialiser

L'alternance vous offre la possibilité de découvrir différents aspects du métier et de choisir une spécialisation qui vous correspond :
- Vente de véhicules neufs : Apprenez à mettre en valeur les dernières technologies et modèles.
- Vente de véhicules d'occasion : Développez des compétences en négociation et en évaluation des véhicules.
- Financement automobile : Maîtrisez les solutions comme la LOA, LLD ou crédit classique.
- Poste après-vente : Découvrez la gestion des clients pour les réparations, entretiens, et garanties.

4. Une intégration professionnelle facilitée
- Réseau professionnel : En entreprise, vous créez des relations avec des collègues, supérieurs et clients, qui peuvent être utiles pour trouver un emploi après votre diplôme.
- Expérience valorisable : L'alternance constitue un véritable tremplin pour décrocher un poste, car elle prouve que vous avez déjà une expérience sur le terrain.
- Possibilité d'embauche : De nombreuses entreprises proposent un contrat à leurs alternants à la fin de leur formation si leurs performances sont satisfaisantes.

5. Le lien avec la théorie
- Validation des acquis : Ce que vous apprenez en formation prend tout son sens lorsque vous l'appliquez en entreprise.
- Enrichissement des cours : Grâce à vos expériences en entreprise, vous pouvez poser des questions concrètes à vos formateurs, rendant les cours plus interactifs.
- Retour sur expérience : Les situations vécues en alternance servent d'exemples pour approfondir vos connaissances théoriques.

6. Les avantages financiers
- Rémunération : En tant qu'alternant, vous percevez un salaire qui vous permet de financer votre formation ou vos besoins personnels.
- Prise en charge des frais : L'entreprise prend en charge une partie ou la totalité de vos frais de formation, selon le contrat.
- Indépendance financière : Vous gagnez une première expérience de gestion de vos finances.

7. Les défis de l'alternance
L'alternance est exigeante, mais ces défis sont aussi des opportunités d'apprentissage :
- Charge de travail : Alterner entre l'école et l'entreprise demande une bonne organisation et une gestion efficace du temps.
- Pression professionnelle : Vous êtes tenu de répondre aux attentes de votre employeur tout en suivant votre formation.
- Adaptation constante : Passer de la théorie à la pratique nécessite de la flexibilité.

Comment surmonter ces défis ?
- Planifiez vos journées : Utilisez un agenda pour organiser vos tâches et vos révisions.
- Communiquez : Parlez à vos tuteurs en entreprise ou formateurs pour obtenir du soutien.
- Prenez soin de vous : Accordez-vous des moments de repos pour éviter l'épuisement.

Les Nouvelles Technologies au Service de l'Apprentissage

Les nouvelles technologies transforment la manière d'apprendre, offrant des outils innovants pour optimiser la formation et développer de nouvelles compétences. Dans le cadre de la préparation au métier de vendeur automobile, elles jouent un rôle essentiel pour rendre l'apprentissage plus interactif, pratique et efficace.

1. Les simulateurs de vente virtuelle

Fonctionnement :

Les simulateurs de vente permettent aux apprenants de s'exercer dans des situations réalistes sans la pression d'un client réel. Ils utilisent des scénarios interactifs pour reproduire des dialogues, des objections et des négociations.

Avantages :
- Pratique sans risque : Les erreurs sont sans conséquence et offrent des opportunités d'apprentissage.
- Personnalisation : Les scénarios peuvent être adaptés à différents types de clients ou véhicules.
- Feedback immédiat : L'outil analyse les performances et fournit des conseils pour s'améliorer.

Exemples :
- Simulations de présentation d'un véhicule électrique.
- Gestion des objections sur le prix ou les caractéristiques techniques.

2. Réalité virtuelle (VR) et réalité augmentée (AR)

Fonctionnement :
- La réalité virtuelle (VR) immerge l'apprenant dans un environnement simulé, comme un showroom ou une concession automobile.
- La réalité augmentée (AR) superpose des informations numériques sur le monde réel, permettant d'explorer un véhicule en détail.

Avantages :
- Immersion totale : Expérience proche de la réalité pour renforcer les compétences pratiques.
- Découverte technique : L'AR permet de démonter virtuellement un moteur ou de visualiser les options d'un véhicule.
- Engagement accru : L'aspect ludique motive les apprenants et améliore leur rétention d'information.

Les CRM et logiciels de gestion client

Fonctionnement :

Les outils de gestion de la relation client (CRM) permettent de suivre les prospects, de gérer les leads, et de personnaliser les interactions.

Avantages :
- Apprentissage pratique : Initiez-vous à l'utilisation des logiciels que vous utiliserez en concession.
- Analyse des données : Comprenez les besoins des clients grâce aux informations collectées.
- Optimisation de la vente : Automatisez les tâches administratives pour vous concentrer sur l'interaction client.

Exemples de CRM :
- Salesforce, Zoho CRM : Gestion des prospects et des ventes.
- Logiciels spécifiques aux concessions automobiles, comme Elite CRM ou VinSolutions.

Chatbots et assistants virtuels

Fonctionnement :

Ces outils automatisés simulent des dialogues avec des clients ou répondent à des questions techniques.

Avantages :
- Pratique en situation réelle : Entraînez-vous à répondre à des questions courantes ou à gérer des objections.
- Disponibilité continue : Accessible à tout moment pour réviser ou s'entraîner.
- Feedback détaillé : Analysez vos réponses pour les améliorer.

Applications mobiles d'apprentissage

Fonctionnement :

Les applications mobiles offrent des modules courts et interactifs pour réviser ou apprendre en déplacement.

Avantages :
- Micro-apprentissage : Des leçons courtes et ciblées, idéales pour les sessions rapides.
- Ludification : Utilisation de quiz, badges et challenges pour stimuler l'apprentissage.
- Pratique : Accessible sur smartphone ou tablette.

Exemples d'applications :
- Quiz interactifs sur les motorisations ou les spécifications techniques des véhicules.
- Outils pour s'entraîner aux objections courantes en vente.

Intelligence artificielle (IA) et apprentissage personnalisé

Fonctionnement :

Les systèmes d'IA analysent les progrès des apprenants pour leur proposer des contenus adaptés à leur niveau et à leurs besoins spécifiques.

Avantages :
- Suivi individuel : L'IA identifie les forces et les faiblesses pour personnaliser l'apprentissage.
- Réponses instantanées : Les chatbots peuvent répondre aux questions techniques ou organisationnelles.
- Recommandations intelligentes : Propositions de modules en fonction des lacunes détectées.

Exemples :
- Assistants virtuels pour répondre aux questions sur les produits ou les techniques de vente.
- Algorithmes adaptatifs pour ajuster le niveau des quiz et des simulations.

www.ingramcontent.com/pod-product-compliance
Lightning Source LLC
Chambersburg PA
CBHW081020240526
45471CB00018B/3919